Lm³ 346

ESMÉNARD,

Rentiers de Lambesc avec jouissance des droits du seigneur pour les princes de Lorraine, Seigneurs de Mondésir, de Vautubières, de Chamvert, du Mazet, Gouverneurs héréditaires de Lambesc.

Armes. — *Écartelé : au 1, d'azur à l'F d'or surmonté d'une couronne ducale du même, parti d'or à la bande de gueules chargée de trois haches d'argent,* qui est de Colin du Janet ; *aux 2 et 3, d'azur à la bande d'or chargée de trois dards de gueules et cotoyée deux étoiles d'argent, une en chef et l'autre en pointe ; au 4, d'argent au lion de sable, coupé d'azur au chevron d'or ; — sur le tout, d'azur au lion tenant un arc en barre, au cœur en pointe, le tout d'argent ; au chef cousu de gueules chargé d'un croissant du second émail accosté de deux étoiles du même. — Timbré d'un armet contourné, couronné et couvert de lambrequins en couleur et métal de l'écu, sommé d'un lion au naturel, issant d'un tortil d'azur et d'argent.*

La maison des Esménard, connue en Provence dès le milieu du XIVe siècle, paraît avoir appartenu à ces vieilles familles indigènes à peine distinguées de la Noblesse, qui pouvaient depuis un temps immémorial, comme le rappelle Augustin Thierry, acquérir et posséder en toute franchise des terres nobles, sans qu'elles eussent besoin pour cela de dispense ni de concession expresse.

La Provence et le Comtat-Venaissin furent, au XIIe siècle et au XIIIe, le champ où se propagea, venant d'Italie, la forme de constitution municipale que l'illustre historien a désignée par le nom de *Régime consulaire*. Presque partout, dans les puissantes cités de Marseille, d'Arles et d'Avignon, comme dans toutes les villes qui leur étaient inférieures à différents degrés, la magistrature urbaine était partagée entre les nobles reconnus et la vieille bourgeoisie renforcée des déshérités des hautes classes; recrues réservées d'ailleurs à la future noblesse. Entre les uns et les autres, il y avait en réalité moins de distance qu'ailleurs. On voit les meilleures races, les plus anciennes maisons, subir de véritables éclipses, et les familles de notabilité récente s'élever à côté d'elles, sans qu'il y ait scission déclarée entre les victimes du sort et les heureux du jour. L'égalité dans les fonctions importantes et toujours honorées du Consulat, maintient entre tous l'entente et la bonne harmonie que de fréquents mariages viennent assurer à propos; toutes choses qui ne commencent à s'effacer que sous la pression croissante du pouvoir central.

La destinée si variable avec le cours des siècles des Allamanon, des Liro ou Liero, des Verdea, des La Roque, des Mérindol, des de Gajot, des d'Arquier et de vingt autres familles que nous pourrions citer ici, serait un intéressant sujet d'étude que la portée spéciale de ce recueil ne nous permet pas d'aborder et nous revenons, sans autre digression, à la suite généalogique des Esménard.

I. *Honnête homme* PIERRE ESMÉNARD, vivant noblement à Lambesc en 1370, y testait devant Anthoine Estienne, le 13 août 1425. Ses fils Nicolas, Jean, Jeanin et Monet Esménard, étaient majeurs en 1426, et Jeanin Esménard, l'un d'eux, qui testait le 31 janvier 1464, devant Me Pierre Gazet, de Lambesc, fit un codicille devant le même notaire au mois de janvier 1465.

II. NICOLAS ESMÉNARD, aîné des enfants de Pierre Esménard ci-dessus, est cité dans un acte d'achat du 31 janvier 1406, et dans des actes d'investiture ou d'acquisition des 20 janvier 1444, 26 janvier 1451, 20 novembre 1462, 27 octobre 1467. Dame CLAUDE..., sa femme, ainsi qualifiée dans un titre du 27 septembre 1460, testait le 27 février 1480, étant veuve, devant Bastien de Bononia. Leurs enfants furent :

> 1º Pierre Esménard, qui suit;
> 2º Berthomieu Esménard, qui était mort en 1514 et avait laissé trois fils, Berthomieu, Gallas et Nicolas, selon des actes de partage de la dite année et une quittance du 7 novembre 1526. Gallas Esménard ne laissa lui-même qu'une fille, Antoinette Esménard, placée d'abord sous la tutelle commune de messire Denis Esménard, chanoine bénéficier de Saint-Laurent de Salon, et de noble Jean de Verdea, proche parent de sa mère, puis mariée en 1551, à Guillaume Pasquier.
> 3º Antoinette Esménard, qui était déjà mariée en 1458 à seigneur Antoine Ricard.

III. Messire PIERRE ESMÉNARD, cité plusieurs fois dans un *Livre de Raison* qui embrasse une période de trois siècles, a fait son testament, le 16 décembre 1497, devant M⁰ Guilhem Viguier, notaire de Salon; d'où :

> 1° Messire Denis ESMÉNARD, prêtre, chanoine de Saint-Laurent de Salon, chapelain de Lambesc, fondateur des chapelles Saint-Antoine et Saint-Pierre de Saint-Laurent de Lambesc, affectées depuis à la sépulture des membres de sa famille. La prébende de Notre-Dame de la Rose, qu'il avait attachée au maître-autel de Saint-Laurent de Lambesc, était assise sur *un hôtel sis à la ville, quinze quartiers de vigne, dix émines de terre en labour, trois émines de fourrage, trois fauchées de pré et un verger d'oliviers*. Messire Denis ESMÉNARD a fait de nombreuses transactions avec nobles Jehan de Fortia d'Urban, Jehan et Guilhem Faudran frères, Anthoine de Cadenet, Domergue de Gastaud, et est mort le 3 octobre 1551.
>
> 2° Guilhem ESMÉNARD, qui suit;
>
> 3° Madeleine ESMÉNARD ou D'ESMÉNARD, comme l'écrit Ch. d'Hozier (*Généalogie M. S. de Provence*, Tome III, Bibliothèque impériale), mariée à Ferrier de SAINT-CHAMAS (1), de l'antique maison des co-seigneurs de Lambesc, Lauris, Piévert, La Roque d'Antheron, etc; qualifiés au XIV⁰ siècle du titre, très-rare alors, de *nobles et magnifiques seigneurs*, — fils de Jacques de Saint-Chamas et de Jacquette de Contarine. Artefeuil commence à Jean de Saint-Chamas, son cinquième aïeul, la notice très-incomplète qu'il a donnée dans l'*Histoire héroïque de la noblesse de Provence*. Ferrier de Saint-Chamas testait en 1518, en faveur de son frère Fouquet de Saint-Chamas, après la mort de son unique enfant.

IV. Messire GUILHEM ESMÉNARD, fidèle associé de son frère Denis, mort le 5 janvier 1543, s'était marié une première fois en 1493, par contrat passé devant Honorat Jehan de Lambesc, à *ma mère Bartomieno*.... nous dit encore son fils Louis Esménard dit *major*. Bartomieno...? n'existait plus en septembre 1529, et Guilhem était marié en secondes noces avant 1530.

Du premier lit :

> 1° Claudette ESMÉNARD, mariée en 1526 à noble Alexandre de DONS (2) (dans les titres latins, de DONO ou de DONIS), qui laissa deux filles, Françoise et Laudune de Dons. Alexandre de Dons, son frère noble Pierre de Dons, et leur sœur Philippe appartenaient à un rameau des de Dons d'Ystres qui n'est pas rapporté dans les Généalogies imprimées de Provence, — rameau éteint dans la seconde moitié du XVI⁰ siècle. Claudette ESMÉNARD, veuve avant 1537, dut résigner la tutelle de Laudune de Dons, pour épouser en secondes noces, le 9 février 1550, Honoré MORET, du lieu de Cucuron.
>
> 2° Antoine ESMÉNARD, qui suit;
>
> 3° Louis ESMÉNARD dit *major*, qui suivra;
>
> 4° Jeanne ESMÉNARD, mariée, le 22 mars 1545, à François BÉRARD, de Saint-Remy. Ses *coffres* montaient à 700 florins d'or.

---

(1) Saint-Chamas : d'azur au chiffre gothique de Jésus d'or. — Devise : *In hoc signo vinces*.

(2) De Dons : d'azur à 3 fasces d'or. Plus tard, on ajouta en chef un besant d'or accosté de deux étoiles de même, et une étoile aussi d'or en pointe; mais on était revenu aux armes pleines au milieu du XVIII⁰ siècle.

V. ANTOINE ESMÉNARD, fils aîné de Guilhem, épousa, le 23 février 1527, noble Douce DE MÉRINDOL (1), fille de noble Louis de Mérindol, des Mérindol de Malemort et de Cucuron. Les clauses du contrat passé devant Bernardi, notaire de Lambesc, fixaient à 400 florins d'or *les coffres* de la future. Cette famille des Mérindol, comptée parmi les plus anciennes, n'avait pas encore essuyé les revers successifs qui devaient la conduire aux lettres de réhabilitation données en 1692.

Le 8 octobre 1560, Lucrèce de Mérindol, nièce ou très-proche parente de Douce de Mérindol, fille de noble Antoine de Mérindol et de noble Aubane Savournin, s'alliait à messire André de Bouliers (2), de l'illustre maison de ce nom, et le rendait père de Claude de Bouliers, marié, le 1er février 1609, à Claire de Pontevès.

Antoine ESMÉNARD, *régissant et gouvernant ladite maison,* mourut le 28 septembre 1549, laissant deux fils et trois filles, tous mineurs :

    1° Perrette ESMÉNARD, née le 17 mars 1534, mariée en mars 1551, à Michel DE LA NALRE, citoyen de la ville d'Arles ;
    2° Esprit ESMÉNARD, l'un des co-rentiers de la baronnie de Lambesc ;
    3° Catherine ESMÉNARD, née en mai 1536, mariée, le même jour que sa sœur aînée, à Jauffret DE LA NALRE, beau-frère de cette dernière ;
    4° Etienne ESMÉNARD, né en 1538, filleul de noble Florian de Liero et de Madeleine Bertrand, femme de Jacques d'Arquier de Charleval, ordonné clerc (3), le 14 mars 1547, par Antoine Imberti, archevêque d'Aix ;
    5° Françoise ESMÉNARD, née le 25 avril 1548, morte en bas-âge.

Messire Guilhem ESMÉNARD avait eu de sa seconde femme :

    6° Louis ESMÉNARD dit *minor*, né en mai 1531, co-rentier de la baronnie de Lambesc, qui était mort en 1582, et avait épousé à Arles, en avril 1551, Madeleine DE LA NALRE, dont il eut, entre autres enfants, Louis ESMÉNARD, qui suit ;
    7° Claude ESMÉNARD, né en 1533, marié à noble Catherine DE LA ROQUE (4), avait laissé deux fils, Pierre et César ESMÉNARD, placés d'abord sous la tutelle de Jean ESMÉNARD, qui recevait quittance définitive, le 15 février 1583 ; et une fille, Marguerite ESMÉNARD, que nous savons, par les textes de plusieurs actes contradictoires, avoir été mariée à François JEHAN.

VI. Louis ESMÉNARD, *fils à feu Loys le mineur, du prt lieu de Lambesc,* fût marié, par contrat du 28 décembre 1582, à Esprite DE COLIN DU JANET (5), fille de noble André de Colin, tige commune des Colin de Provence et du Comtat, et de damoi-

---

(1) Mérindol : d'azur à l'hirondelle d'argent volante en bande. « Mon frère m'a marqué, » dit L. R. d'Hozier, « avoir trouvé quelquefois une *hirondelle de sable sur champ d'argent.* »
(2) Bouliers : d'argent au chef de gueules, à la bordure componée de Naples et de Jérusalem.
(3) Voyez *Somme rurale*, livre II : *Des Clercs mariés; Le Grand Coustumier,* livre IV : *Des Clercs mariés.* — Voyez aussi *Histoire des Français des divers États*; tome II, *Le Diacre,* et tome IV, *l'Avocat.*
(4) La Roque : d'azur *aliàs* de sinople, à la montagne de deux *aliàs* de trois coupeaux d'argent en pointe.
(5) Colin du Janet : d'or à la bande de gueules chargée de trois haches d'argent.

selle Antoinette de Penà (1). Sa belle-sœur, Isabelle de Colin, épousa, le 15 juin 1583, Guillaume de Malespine-Montjustin, veuf de Françoise de Sabran, des barons de Beaudinar, comtes d'Ariano.

Par son aïeul, Charles Colin alias Coulin, et aussi Colins, écuyer de Ferry de Lorraine, comte de Vaudémont, gouverneur et sénéchal de Provence, Esprite se rattachait à une famille de gentilshommes flamands qui subsistait encore à l'époque où Pithon-Curt composait son Nobiliaire. *(Voyez Noblesse du Comtat-Venaissin*, tome I, page 346); et son mari Louis ESMÉNARD était parent, à divers degrés, de Marie de Saint-Chamas, femme d'Honoré de Colin, son beau-frère; d'Anne d'Arquier de Charleval, fille du célèbre partisan Pierre d'Arquier, mariée au capitaine Jehan de Colin, gouverneur de Ventabren, auteur de la branche de Cavaillon, autre beau-frère et seconde notabilité des guerres civiles de Provence que les ducs de La Valette et d'Épernon associèrent à leur fortune. Enfin, Esprit de Colin du Janet, leur neveu, filleul d'Esprite et fils de son frère aîné Antoine de Colin, marié depuis 1572 à Geneviève d'Audibert, épousa lui-même, en 1599, Marguerite de Forbin-Bonneval, sœur d'Albert de Forbin, chevalier de Malte, grand-prieur de Saint-Gilles, lieutenant-général des Galères de France, et fille de Bertrand de Forbin, seigneur de Bonneval, commissaire-général des mers du Levant, et de Jeanne de Jurcy en Vendômois (2).

Lambesc, inféodé depuis longtemps aux ducs de Guise, avait fourni peu d'auxiliaires aux protestants, tandis que ses principales familles donnaient aux catholiques d'excellents soldats et quelques capitaines de renom. Le meurtre des Guise à Blois et la réconciliation d'Henri III avec le roi de Navarre, amenèrent de nouvelles et profondes divisions au sein du parti catholique, fractionné en royalistes et en ligueurs. Lambesc penchait naturellement vers la Ligue, et Bernard de Nogaret, alors cantonné à Aix, résolut de faire subir au fief lorrain une exécution dont les partisans des Guise se souvinssent longtemps. Le 12 juillet 1589, Lambesc succomba sous un assaut furieux, et la ville entière fut livrée au pillage. Pierre et Jacques de Gilly, des seigneurs de Mousse, qui défendaient le corps de place, périrent les armes à la main; Louis ESMÉNARD, continuant à combattre malgré la mort de ses deux cousins, fut forcé de rendre le château à discrétion, après une vive résistance qui coûta la vie au baron de Ramefort, de la maison d'Espagne, seigneur gascon cher aux assaillants. La Valette, que cette perte et le dernier combat rendaient sourd à tout mouvement

---

(1) Penà : d'azur, au demi-vol d'argent surmonté d'une fleur de lys d'or et accompagné de trois grenades du même grainées de gueules, deux en flanc et une en pointe (V. *d'Hozier*, Reg. III). Les Colin de Flandre, comtes de Ham et de Mortagne, ont contracté les plus illustres alliances, et portaient : d'argent à la bande de gueules accompagnée de *six* tourteaux de même en orle.

(2) Et non *Jeanne d'Yvrai*, comme l'écrivent Artefeuil et Pithon-Curt. Voyez les preuves de Malte (Bibliothèque de l'Arsenal. — *Grand-Prieuré de Saint-Gilles* et *Vénérable Langue de Provence*).

généreux, fit accrocher à la potence Louis Esménard et les ligueurs du château (1). Cinquante des principaux habitants, au rapport du conseiller-historien Gaufridy, moururent par la corde. Pélissanne, effrayé du sort de Lambesc, se soumit sans coup férir, trois jours après ; mais le sanglant succès de La Valette ne put empêcher Hubert de Vins, baron de la Garde, de reprendre Lambesc et Pélissanne le mois suivant. Aujourd'hui, la réprobation populaire s'attache encore en Provence à la mémoire des frères de Nogaret, dont le paysan a su faire un être collectif ; et lorsque le récit des crimes de quelque grand coupable vient épouvanter son imagination, il dit encore : *A mais fach de maux qu'Aparnon!*

V. Messire LOUIS ESMÉNARD dit *major* reçut, le 27 juillet 1529, des lettres de cléricature de Pierre Filhioli, archevêque d'Aix, plus tard lieutenant-général au Gouvernement de Paris. Rentier de la baronnie de Lambesc et premier consul de la cité, il transigeait au nom de la ville, en compagnie de ses collègues, Jacques d'Arquier de Charleval et Andrieu Bernardi, au mois d'octobre 1552, devant Martelli et Jean Estienne, notaires à Aix, avec Me René, commissaire et procureur général de Monseigneur de Guise, seigneur dominant.

Louis ESMÉNARD avait épousé, par contrat du 27 avril 1541, passé devant Me François Borilli, notaire d'Aix, — de cette famille noble des Borilli dans laquelle un office de notaire, possédé au milieu du XIVe siècle, s'est héréditairement conservé pendant trois cents ans, — Marcienne CASSUDE, qui mourut le 17 octobre 1568, étant veuve depuis 1562. Presque tous les biens de sa famille tombèrent, à la génération suivante, chez les ESMÉNARD ; Jean Cassude, beau-frère de Louis ESMÉNARD, n'ayant eu de son mariage avec Jeannette de Canis que quatre filles, Marguerite, Madeleine, Lucrèce et Ysabeau mariée à Jean de Corbie, lesquelles suivirent l'exemple de leurs tantes, Hélionne et Catherine, et testèrent à leur tour en faveur des enfants de Marcienne. Ces derniers furent :

1° Lucrèce ESMÉNARD, née le 4 septembre 1543, filleule de Laurent d'Arquier et de noble Catherine de Lauris (2) ;
2° Jean ESMÉNARD, qui continue la filiation ;
3° Marthe ESMÉNARD, née le 5 mai 1547.

(1) *Les armes dites d'honneur* portées dès le dix-septième siècle par une partie des seigneurs de Mondésir, et relevées au dix-huitième par les seigneurs du Mazet, nous paraissent rappeler, à l'honneur des ESMÉNARD, la fin tragique de Louis. Elles sont : d'azur à l'F (première lettre de *Fidelis*) d'or surmonté d'une couronne ducale du même, parti d'or à la bande de gueules chargée de trois haches d'argent, qui est de *Colin du Janet*. Sont-elles de concession lorraine ? — Nous en connaissons des gravures authentiques du dix-septième siècle, mais nous n'avons encore, à l'appui de notre hypothèse, que ce commencement de preuve qui naît d'une tradition soutenue.

(2) On nous permettra d'ajouter ici quelques détails domestiques qui serviront à faire apprécier, dans une juste mesure, des usages civils et religieux qui ne sont plus de notre temps. Lucrèce a reçu *la confirmation* à 4 ans et demi, en même temps que son frère Jean ESMÉNARD, qui avait à peine un an. La cérémonie a été faite le 14 mars 1547. *Le parrain*, noble Alexandre Roullant, et *la marraine*, noble Dauphine de Liro, femme de noble Jean de Verdea, n'ont pas manqué de donner à l'enfant de nouveaux noms qui s'ajoutaient à ceux du baptême. On conçoit d'avance, sans aller plus loin, combien cet usage, encore suivi dans l'Allemagne catholique, est propre à égarer une critique peu sévère.

VI. JEAN ESMÉNARD, né à la Rovère, le 24 juillet 1546, co-rentier et viguier de Lambesc, ordonné clerc à l'âge de 6 ans, le 19 octobre 1552, par Balthazar de Jarente, évêque de Vence et de Saint-Flour, archevêque d'Embrun, épousa, par contrat du 25 décembre 1569, Catherine d'ARQUIER (1) DE CHARLEVAL, fille d'Antoine d'Arquier *le jeune* et de Jeannette d'Almeran-Rognac.

Guillaume d'Arquier, frère unique de Catherine, avait lui-même épousé Anne de Lauris, fille d'Honoré de Lauris, seigneur de Taillades et de Valbonnette, et de Catherine de Roux-Beauvezet. Ses belles-sœurs furent établies dans les maisons de Chapus, des Séguins, d'Arquier, de Faudran-Laval et de Forbin, tandis que ses beaux-frères, Esprit de Lauris, viguier de Marseille, Melchior dit l'*Ecuyer de Taillades*, devenus célèbres dans les guerres de la Ligue, étaient mariés dans les maisons de Damians et de Castellane.

Jean ESMÉNARD, Pierre de Mérindol et Antoine Bourrel étaient associés pour l'arrentement de Lambesc, de 1588 à 1591, à une époque où la Provence était soumise aux plus dures épreuves. Les années 1588, 1589, 1590, mauvaises entre toutes, et désastreuses pour la baronnie des princes lorrains, sont encore remarquables par la nullité des transactions régulières. La vie administrative ne reparaît qu'en 1591.

Jean ESMÉNARD, veuf depuis le 19 avril 1592, est mort le 10 juillet 1606, et a été inhumé près de sa femme, dans sa chapelle Saint-Pierre de l'église paroissiale de Lambesc.

Leurs enfants furent :

    1° Marie ESMÉNARD ;

    2° Marguerite ESMÉNARD, née le 19 mars 1571, mariée en 1586 à son cousin Domergue ESMÉNARD, de Pélissanne, fils d'Antoine ESMÉNARD et de feu Marguerite d'Emeric ;

    3° Jeanne ESMÉNARD, née le 9 janvier 1574, était mariée en 1596 à Jean ASTIER, d'une famille qui a donné des Trésoriers de France ;

    4° Anne ESMÉNARD, morte enfant ;

    5° Laurent ESMÉNARD, qui suit ;

    6° Louise ESMÉNARD, née le 30 mars 1579, mariée en 1599, à Michel Alibert, décédée le 29 avril 1613 ;

    7° Lucrèce ESMÉNARD, née le 19 septembre 1581, mariée, le même jour que sa sœur Louise, à Joseph ALIBERT, frère de Michel.

VII. Noble LAURENT ESMÉNARD ou D'ESMÉNARD, — pour se conformer à une modification uniforme qui commençait à atteindre et même à travestir dans certains cas les noms des familles privilégiées, — seigneur de Vautubières, né le 16 décembre 1576, avait épousé, par contrat du 10 avril 1600, Marguerite

---

(1) Arquier de Charleval : d'azur, au pont d'une arche d'argent maçonné de sable, soutenant un lion d'or.

Almeran : d'argent à la comète de seize rais de gueules ; écartelé de Rognac, qui est : échiqueté d'or et de gueules.

D'ESTIENNE (1), fille de noble N. d'Estienne, et d'Etiennette Bertrand. Ces Estienne, dit Nostradamus (f° 346), sont « vrais et légitimes rameaux du même arbre que ceux de Mimet, quoy qu'en plus moyenne mais honneste fortune. »

De ce mariage :

1° Jean D'ESMÉNARD, qui suit;
2° Catherine D'ESMÉNARD, née le 23 avril 1604;
3° Jean-Antoine D'ESMÉNARD, tige des seigneurs de Mondésir, rapportés plus loin.

VIII. Messire JEAN D'ESMÉNARD de Vautubières, né le 17 avril 1602, était mort en 1638, et avait eu de son union avec Catherine D'ARQUIER DE CHARLEVAL, des seigneurs de Saint-Pol :

1° noble Etienne D'ESMÉNARD DE VAUTUBIÈRES, qui n'existait plus en 1684, et avait épousé, le 26 décembre 1648, Claire SOLLE (2), très-jolie fille de Marseille, qu'il avait enlevée ce même jour du couvent des Ursulines de Salon. Fort de l'agrément d'Anne (de Georges?) d'Ollières, sa belle-mère, et du consentement de sa maîtresse, Etienne D'ESMÉNARD, aidé de (Thomas?) de Beccaris, gentilhomme allié à sa famille, triompha des obstacles matériels que Philippe Solle opposait au mariage des deux amants. Nous connaissons ces détails par les plaidoiries d'une *revendication de légitime* qui occupa le Parlement (3). De ce mariage :

IX. JOSEPH D'ESMÉNARD DE VAUTUBIÈRES, écuyer, second fils de Jean D'ESMÉNARD et de Catherine d'Arquier de Saint-Pol, était mineur en 1638 et placé sous la tutelle de Jean-Antoine D'ESMÉNARD, écuyer, seigneur de Vautubières, son oncle. Il avait épousé, par contrat du 10 mai 1630, Catherine BERTRAND, fille de Claude Bertrand et de Jeanne Amphoux qui vivaient encore en 1670. De ce mariage, un fils unique, Etienne d'ESMÉNARD, qui suit.

---

(1) Estienne : d'azur à trois bandes d'or.

(2) En 1696, la famille Solle, de Marseille, n'avait plus de représentants mâles. Du moins, le Registre *Provence* de l'*Armorial de France*, dressé en exécution de l'édit de novembre, ne mentionne-t-il que *N. Du Pujet, veuve de N. Solle*, en donnant les armes des Pujet.

(3) L'avocat de l'appelant, usant de cette entière liberté que les Parlements toléraient dans les mémoires produits comme pièces de procédure ou comme actes de défense, remonte, pour contester la légitimité de Thérèse d'ESMÉNARD, intimée, à ce qu'il nomme les *prétendues épousailles* de Claire Solle. Il les raconte à sa manière, sans oublier d'égayer le sujet par des emprunts faits au *Satyricon* de Pétrone. Il nous apprend qu'Anne d'Ollières, grand'mère de Thérèse, est aussi l'aïeule des Ailhaud, des Comptes de Provence; que les arrêts de la Cour sont intervenus entre elle et son mari ; il nous apprend encore que Philippe Solle, errant dans la campagne de Marseille, à la recherche de sa fille qu'il savait cachée dans quelque bastide des environs, s'en vint par hasard à la rencontre d'Etienne, et qu'alors le beau-père et le gendre mirent l'épée à la main et se chargèrent avec tant de fureur, que M° Michel, fort jeune alors, témoin involontaire du combat, et malade des fièvres quartes depuis quatre mois, se trouva subitement guéri par la frayeur qu'il en eut...

X. Messire ETIENNE D'ESMÉNARD, écuyer, nommé viguier de Pélissanne, le 10 mars 1702, épousa, par contrat du 4 février 1705, sa cousine Anne D'ESMÉNARD (1), de Pélissanne, fille de Pierre et de Jeanne de Gibert. D'où Marie-Thérèse D'ESMÉNARD, unique héritière, mariée, le 15 novembre 1770, à son oncle Joseph D'ESMÉNARD, consul de France à Candie, dont la descendance subsiste. Cette branche des ESMÉNARD DE VAUTUBIÈRES, issue de ceux de Lambesc, s'armait *d'azur à l'F d'or surmonté d'une couronne ducale du même, parti de Colin du Janet.*

VIII. Noble JEAN-ANTOINE D'ESMÉNARD, écuyer, seigneur de Vautubières et de Mondésir, Trésorier de France, né le 23 mars 1611, fut marié, dès 1628, à noble Claire DE GRIGNAN (2), des Grignan-Montdragon, fille de messire Paul de Grignan, écuyer, seigneur d'Hauteville, et d'honorée dame Catherine d'Isnard (3).

Un portrait de Claire de Grignan, muni de sa légende noyée selon l'usage dans la pâte du tableau, — *Claire de Grignan, femme de noble Jean-Antoine d'Esménard, seigneur de Vautubières, bienfaitrice de la Miséricorde de Jésus, morte en 1682,* — se trouve encore aujourd'hui dans l'oratoire des Sœurs attachées à cet ancien établissement que l'on nommait aussi, au XVIe siècle, l'Hôpital-Neuf. Les traits de la dame de Vautubières accusent *une vieille femme,* mais ils témoignent, malgré les ans et leur fâcheux cortége, de cette beauté héréditaire des filles de Grignan, galamment célébrée par l'auteur de l'*Histoire et chronique de Provence* avec une naïveté pleine de charme et d'entrain. Claire de Grignan, femme de Jean-Antoine D'ESMÉNARD, était en effet nièce et filleule d'autre Claire de Grignan mariée à César de Notre-Dame, aliàs Nostradamus; mais la grande jeunesse de Jean-Antoine d'ESMÉNARD en 1628 ne lui permettait pas en définitive de dire avec son oncle : « C'est cette Claire de nom et d'effet, douée d'une singulière grâce et beauté, que finalement le dieu Hymenee me destina, apres plusieurs travaux, fascheries et traverses, plaintes, poursuites et recerches, — apres y avoir changé mon poil, argenté ma barbe, desséché ma vigueur, consumé ma vie, martellé mon cerveau et fait le fol durant dix ans ! » (*V. César de Nostradamus,* f°s 341-343.)

Les quartiers de Claire de Grignan (4) sont les mêmes que ceux de son frère Balthazar de Grignan, présenté à Malte en 1633. (*Preuves de Malte.* — *Vénérable langue de Provence,* tome I, page 384. — Bibliothèque de l'Arsenal.)

---

(1) Esménard de Pélissanne : d'argent au lion de sable, coupé d'azur au chevron d'or (Règlement de Ch. d'Hozier).

(2) Grignan : de gueules, au chevron d'or accompagné en chef de deux croix de Jérusalem, et en pointe, d'une rose d'argent. Les *Preuves de Malte* et presque tous les Nobiliaires ont ainsi blasonné les armes de Grignan ; Nostradamus et Pithon-Curt remplacent les croix de Jérusalem par deux croisettes pattées ou potencées d'or, cantonnées de petites roses d'argent.

(3) Isnard : de gueules fretté d'argent.

(4) 1, De Grignan. — 2, De Cubières. — 3, De Crapone. — 4, De la Coste. — 5, D'Isnard. — 6, March de Châteauneuf. — 7, Paul de Lamanon. — 8, De Camaret.

De ce mariage :

1° Paul d'Esménard, né le 23 mai 1629, filleul de son grand-père Paul de Grignan, et de Madeleine de Grignan, sœur du seigneur d'Hauteville ;

2° Claude d'Esménard, né à Lambesc, le 25 juillet 1632, filleul de messire Claude de Lauris, seigneur de Taillades, et de Madeleine de Grignan ci-dessus; prêtre, chanoine de la Collégiale Saint-Laurent de Salon ; nommé par son père, le 29 avril 1648, à la prébende Notre-Dame de la Rose (1), attachée au maître-autel de l'église paroissiale de Lambesc, — décédé le 26 janvier 1677 ;

3° François d'Esménard, qui suit ;

4° Jean-François d'Esménard, né le 18 décembre 1638, filleul de son oncle Jean-François de Grignan, chevalier de Malte, et de sa tante Marguerite de Grignan, — décédé sans alliance, le 28 février 1677 ;

5° Etienne d'Esménard, né le 9 janvier 1641, tenu sur les fonts de baptême par François d'Estienne, des seigneurs de Mimet, *Juge formel* de Lambesc, et par Madeleine de Saint-Chamas, — mort en bas-âge ;

6° Jacques d'Esménard, né le 18 septembre 1644, filleul de Jacques de Forbin, seigneur de la Barben, et d'Anne de Barcillon, des seigneurs de Mauvans, femme de son oncle Jean-François de Grignan ;

7° Madeleine d'Esménard, née le 31 juillet 1647, tenue sur les fonts, le 14 août suivant, par Jean de Forbin, seigneur de la Goy, prévôt de Saint-Trophime d'Arles, et par Madeleine d'Estienne, femme d'Etienne d'Arquier, seigneur de Saint-Estève.

Jean-Antoine d'Esménard et Claire de Grignan moururent à peu près en même temps en 1682.

IX. Noble FRANÇOIS d'ESMÉNARD, écuyer, seigneur de Mondésir, de Vautubières, de Chamvert, docteur ès-droit, avocat au Parlement, gouverneur de Lambesc, né au dit Lambesc, le 17 novembre 1633, a fait inscrire ses armes à l'*Armorial de France*, en exécution de l'Édit de novembre 1696. (Bibliothèque impériale. — *Provence, Généralité d'Aix;* page 461 du Registre).

Il avait été marié, en premières noces, vers 1670, à noble demoiselle Lyonne d'Estienne de Villemus (2), fille de Jean-François d'Estienne, seigneur de Villemus,

---

(1) La collation du bénéfice appartenait, depuis le 14 mars 1547, à la maison des Esménard. Il pouvait être dévolu à un simple clerc non tonsuré, sans qu'il fût possible de prolonger une vacance au-delà de quatre mois. Ce délai expiré, le seigneur laïque perdait, pour cette fois seulement, son droit de nomination qui retournait à l'archevêque d'Aix.

Le droit des Seigneurs fondateurs d'églises, de leurs héritiers ou de leurs représentants, de nommer aux bénéfices de leur fondation, constituait le patronage laïque. L'ordinaire était tenu, sauf motifs canoniques, de donner l'institution aux clercs qu'on lui présentait ainsi. Ce droit était en pleine vigueur au IXe siècle (*Capitulaire de 816.* — Baluze. I, 865).

(2 Estienne de Villemus et du Bourguet: d'azur, à la fasce d'or accompagnée de trois besants d'argent, deux en chef et un en pointe.

— Rians : d'azur, à la tour d'or ouverte et ajourée de gueules, accostée de deux étoiles du second, surmontée d'une étoile du même et accompagnée en pointe d'un croissant d'argent.

conseiller à la Cour des Comptes, Aides et Finances de Provence, et de Claire de Rians. Son beau-frère, autre Jean-François d'Estienne de Villemus, s'unit quelque temps après à Diane de Blacas, des seigneurs d'Aulps et de Vérignon. Lyonne d'Estienne de Villemus étant morte à Lambesc, le 28 février 1691, François d'ESMÉNARD épousa, en secondes noces, par contrat passé le 30 août 1695 devant Me Bertrand, notaire à Eyragues, Catherine-Césarée DE BIONNEAU D'EYRAGUES (1), fille de Jean-François de Bionneau, chevalier, seigneur et baron d'Eyragues, et de Jeanne de Libertat (2), des viguiers perpétuels de Marseille, petite-nièce du célèbre Pierre de Libertat, qui fit rentrer cette grande ville sous l'obéissance du roi Henri IV. François D'ESMÉNARD compte parmi les principaux bienfaiteurs de la *Miséricorde de Jésus*, à Lambesc: son portrait orné de la légende, *noble François d'Esménard, seigneur de Mondésir, bienfaiteur de la Miséricorde de Jésus, mort le 27 janvier 1704*, se voit encore aujourd'hui dans l'oratoire des Sœurs de l'hôpital.

Il avait eu, du premier lit:

1° Anne D'ESMÉNARD, nommée dans les Nobiliaires de Provence *Anne de Mondésir*, née à Lambesc, le 11 septembre 1673, mariée en 1697 à messire Gaspard de Paul de Lamanon (3), écuyer, fils de Jean-Baptiste de Paul, seigneur de Lamanon, et de Françoise de Vidalon. Anne d'ESMÉNARD, qui mourut le 15 novembre 1749, était, par son fils Jean-François de Paul de Lamanon, écuyer, marié à Claude de Baldoni, du Comtat-Venaissin, l'aïeule de Robert de Paul, chevalier de Lamanon, dernier rejeton de sa branche (4), naturaliste distingué, correspondant de l'Académie des sciences, membre de l'Académie de Turin, etc., compagnon de voyage de l'infortuné Lapérouse (5), et massacré avec le vicomte de Langle, capitaine de l'*Astrolabe*, le 10 décembre 1787, à l'île de Maouna, de l'archipel des Navigateurs;

2° Claire D'ESMÉNARD, née à Lambesc, le 5 janvier 1677;

3° Marguerite D'ESMÉNARD, mariée à messire Auguste d'Arquier, seigneur de Saint-Pol et de Charleval, gouverneur intérimaire de Lambesc, qui faisait inscrire ses armes au Bureau des Armoiries de la généralité d'Aix, en exécution de l'Édit de novembre 1696 (6). Marguerite d'ESMÉNARD mourut le 11 juin 1710, et l'un de ses fils, Joseph d'Arquier, devint premier consul d'Arles en 1733;

(1) Bionneau d'Eyragues : d'azur, à la fasce d'or chargée de deux croissants de gueules, accompagnée en chef de trois étoiles rangées d'or, et en pointe, d'un vol d'argent.

(2) Libertat : d'azur, à la tour d'argent surmontée d'une fleur de lys d'or et accostée de deux fleurs de lys du même (*armes d'honneur octroyées par Henry IV*), coupé de gueules au lion passant d'or.

(3) Paul de Lamanon : d'azur au chevron d'argent et au croissant de même en pointe.

(4) Ses huit quartiers sont : 1° de Paul, 2° de Vidalon, 3° d'Esménard de Mondésir, 4° d'Estienne de Villemus, 5° de Baldoni, 6° de Suffren, 7° d'Aymar, 8° de Gautier..

(5) Jean-François de Galaup était dit *de Lapérouse*, du nom d'une terre, dont sa tante la comtesse de Lapeyrouse lui avait fait cession. Ce dernier nom s'écrivait avec un *y*, mais le célèbre navigateur supprimait cette lettre dans sa signature.

(6) Le registre *Provence* de l'Armorial de France (*Manuscrits de la Bibliothèque Impériale de Paris*) s'exprime ainsi qu'il suit : « Auguste d'Arquier, seigneur de Saint-Pol, porte comme ci-devant, n° 539. » Au n° 539, se trouvent les armes d'Etienne d'Arquier de Saint-Estève, qui sont : d'or au lion couronné de sable, à trois fasces ondées et brochantes d'argent.

4° Jean-Antoine d'Esménard, né à Lambesc, en 1679, et mort au même lieu en 1693 ;

5° et 6° Elisabeth et Françoise d'Esménard, nées en 1681 et 1683 ; l'une d'elles, en religion Sœur St-Albert, ursuline à Lambesc.

François d'Esménard, mort le 27 janvier 1704, après avoir testé le 20 octobre 1702, ne laissait, du second lit, qu'un fils, Jean-François d'Esménard de Mondésir, qui suit.

> M. de Saint-Allais, qui a donné dans son *Histoire encyclopédique de la Noblesse de France*, une notice très-écourtée sur les Esménard (tome III, page 204), a commis une lourde erreur généalogique en attribuant tous les enfants de François d'Esménard à la seule Catherine-Césarée de Bionneau d'Eyragues, sa seconde femme.

X. Noble JEAN-FRANÇOIS d'ESMÉNARD, écuyer, seigneur de Mondésir, de Vautubières et de Chamvert, lieutenant au régiment de Champagne, Gouverneur de Lambesc par hérédité, dernier des Mondésir de la branche cadette, est mort avant d'avoir atteint sa vingtième année, le 4 octobre 1715. Il avait testé en faveur de sa mère, et ses biens passèrent, pour la plus grande partie, aux barons, depuis marquis d'Eyragues.

Les seize quartiers de Jean-François d'Esménard, gouverneur, pour le Roy, de cette ville de Lambesc.

LIGNES PATERNELLES.

| Jean d'Esménard. | N. d'Estienne. | Jean de Grignan. | Jean d'Isnard. |
| Catherine d'Arquier. | Estevenette Bertrand. | Jeanne de Crapone. | Jeanne de Paul de Lamanon. |

| Laurent d'Esménard. | | Paul de Grignan. |
| Marguerite d'Estienne. | | Catherine d'Isnard. |

Jean-Antoine d'Esménard.
Claire de Grignan.

François d'Esménard.

LIGNES MATERNELLES.

| François de Bionneau. | Charles de Grille d'Estoublon. | Antoine de Libertat. | George de Boisson-Merveille. |
| Théodora-Lucrèce de Jarente. | Blanche de Forbin-Soliers. | Marguerite de Porte. | Marquise de Vento. |

| François de Bionneau. | | Pierre de Libertat. |
| Marie de Grille. | | Marseille de Boisson. |

Jean-François de Bionneau d'Eyragues.
Jeanne de Libertat.

Catherine-Césarée de Bionneau d'Eyragues.

BRANCHE DE PÉLISSANNE.

V. PIERRE ESMÉNARD, qui paraît issu au ve degré de Pierre ESMÉNARD vivant à Lambesc en 1370, par Jean ESMÉNARD *le vieux*, l'un de ses quatre fils, exerçait à Pélissanne les fonctions de Notaire royal (1). Il avait épousé, en 1556, Anne BERNARDI (2), fille d'Andrieu Bernardi, consul de Lambesc, nommé, comme on l'a vu plus haut, avec ses collègues, Louis ESMÉNARD dit *major* et Jacques d'Arquier de Charleval, dans la transaction passée en octobre 1552, entre la ville et François de Lorraine, duc de Guise.

De ce mariage :

    1° Antoine ESMÉNARD, qui perdit la raison, et vécut ses dernières années *à la charge de ses frères*, selon les termes de plusieurs actes contemporains. Nous le croyons le même qu'Antoine ESMÉNARD DE PÉLISSANNE, veuf en 1572 de Marguerite D'EMERIC (3), lorsqu'il mariait son fils, Dominique ESMÉNARD, *à sa cousine* Marguerite ESMÉNARD DE LAMBESC, fille de Jean ESMÉNARD, co-rentier de la baronnie, et de Catherine d'Arquier de Charleval ;

    2° Julien ESMÉNARD, qui suit ;

    3° Joseph ESMÉNARD, héritier de la charge de son père et marié à Marguerite DE LAURENS, dont Michel ESMÉNARD... ;

    4° Lucrèce ESMÉNARD, mariée, par contrat du 23 novembre 1593, à N... ;

    5° Marguerite ESMÉNARD.

VI. JULIEN ESMÉNARD avait épousé, vers 1600, Madeleine BOURGAREL. (4).

---

(1) Les fonctions des notaires en Provence, en Dauphiné et dans quelques autres pays qui n'étaient pas, comme les premiers, de Droit écrit, étaient indistinctement remplies par les nobles et les roturiers. En Provence, avant l'ordonnance de 1539 qui prescrivit l'emploi de la langue vulgaire, les actes se rédigeaient toujours en latin ; et c'est depuis cette époque, qu'on a imaginé d'infliger la dérogeance, sans que la proscription ait été bien absolue, aux notaires qui ne contractaient pas ainsi. En raison de cette nouveauté, les généalogistes ont pris soin, pour la plupart, d'élaguer une qualification qui pouvait s'appliquer d'ailleurs à des gens de très-bonne naissance. Nous connaissons des notaires chez les Faudran, les d'Arquier, les d'Aguilhen, les Viguier, les Borilli, les Jean d'Arles, les Nostradamus, les Bourgarel, les Baroncelli, les Georges d'Ollières, les Albis, les Almeran, les Colombi, les Tressemanes, les Guiraman, les Sébastiane, etc.

(2) Bernardi : d'azur, au chevron d'argent accompagné de trois dauphins du même, deux en chef et un en pointe ; au chef cousu de gueules chargé de trois étoiles d'or.

(3) Emeric : de gueules au lion naissant d'or, coupé d'argent à trois bandes d'azur.

(4) Elle appartenait très-probablement à une famille dont les armes ont été réglées par Ch. d'Hozier ainsi qu'il suit : d'argent au chevron de gueules, coupé de gueules au cerf d'or.

De ce mariage sont issus :

1° Pierre ESMÉNARD, qui suit ;
2° Lucrèce ESMÉNARD, mariée, par contrat du 21 novembre 1619, à *Monsieur* Jean BAS, fils de *cappitaine* Esprit Bas et de Constance Fabresse. Jean Bas, devenu veuf en 1683, est compté parmi les bienfaiteurs de la *Miséricorde* de Jésus à Lambesc : son portrait existe encore aujourd'hui dans l'oratoire des Sœurs affectées à l'hôpital.
3° Messire Melchior ESMÉNARD ou D'ESMÉNARD (1), selon l'usage qui commençait à prévaloir, religieux bénédictin de la célèbre abbaye de Saint-Pierre de Montmajour, prieur de Monteaulx au Comtat-Venaissin ;
4° Suzanne ESMÉNARD, mariée, par contrat du 8 décembre 1632, à Jean-Pierre GILLES ou GILLY, du lieu de Pertuis ;
5° Françoise ESMÉNARD, mariée, le 3 février 1644, à Jean BOUTAUD, fils de Pierre Boutaud et de Marguerite de Dubel. Elle était déjà veuve de N. MÉRENDOL (2), lieutenant de juge à Rognac, qui appartenait à une famille en possession de l'Office de *Maire perpétuel de Pélissanne*.

VII. PIERRE ESMÉNARD ou D'ESMÉNARD, pour se conformer au mode de désignation qui a prévalu, héritier de la charge de son oncle Joseph, fut marié, par contrat du 8 février 1638, à Marguerite DE RANQUISY (*de Ranquisiis*), fille de Jean de Ranquisy, docteur de Montpellier, toujours qualifié *nobilis et egregius vir*, et de Marguerite de Laurens. Marguerite de Ranquisy était l'unique rejeton d'une ancienne famille qui se trouvait alliée dès 1453 aux Tulle de Villefranche (3).

Pierre D'ESMÉNARD mourut le 27 décembre 1649, laissant, entre autres enfants :

1° Melchior D'ESMÉNARD, *tué à la guerre*, selon la formule des actes contemporains ;
2° Pierre D'ESMÉNARD, qui suit ;
3°, 4°, 5° Jean, sans alliance ; Joseph et François D'ESMÉNARD, qui paraissent n'avoir pas longtemps vécu ;
6° Cécile D'ESMÉNARD, mariée, le 21 octobre 1663, à Alexandre REYNAUD, du lieu de Malemort ;
7° Marie D'ESMÉNARD, qui était veuve en 1710 de Pierre BERTRAND, lequel avait laissé inscrire des armes (4) à l'*Armorial général de France*, en exécution de l'Edit de novembre 1696.

VIII. PIERRE D'ESMÉNARD, héritier de la charge de son père, mort le 15 mars 1714, avait épousé, par contrat du 13 mai 1669, Jeanne DE GIBERT (5), fille d'Annibal

---

(1) Pièces concernant Melchior ESMÉNARD : quittances du Provincial, etc.
(2) Mérendol, maires perpétuels de Pélissanne : d'or à six tourteaux de gueules 3. 2. 1, au chef d'azur.
(3) V. Courcelles. — *Pairs de France* : Généalogie de Villefranche.
(4) Bertrand : d'argent au pairle de sable, coupé de sable au lion d'or.
(5) Gibert : d'or au lion de gueules, au chef d'azur chargé de trois étoiles d'or.

de Gibert, chancelier de Saint-Jean de Jérusalem, et de Marie de Barlathier (1), des Barlathier de Mas, de Saint-Suffren et de Saint-Julien. Pierre d'Esménard reçut, par règlement de Charles d'Hozier, en exécution de l'Edit de novembre 1696, de nouvelles armoiries blasonnées au registre *Provence* de l'Armorial de France (tome II, p. 243).

Ses enfants furent :

1° Jean-Joseph d'Esménard, né le 10 décembre 1670 et † le 30 septembre 1671 ;
2° Marguerite d'Esménard, née et morte le 4 mars 1672 ;
3° Anne d'Esménard, née le 27 mai 1673, mariée, par contrat du 4 février 1705, à son cousin messire Etienne d'Esménard, écuyer, viguier de Pélissanne ; alliance déjà mentionnée aux Esménard de Mondésir et de Vautubières ;
4° Jacques-François d'Esménard, qui suit, tige des seigneurs du Mazet ;
5° Pierre d'Esménard, né le 7 février 1678, † le 22 juillet 1679 ;
6° Jean-Baptiste d'Esménard, né le 7 novembre 1680, directeur-général de la *Compagnie Royale de Saint-Domingue*, au Fort Saint-Louis ;
7° Marie-Laurence d'Esménard, née et † le 13 juin 1683 ;
8° Thérèse d'Esménard, née le 14 janvier 1685, † le 23 février 1699 ;
9° Marie d'Esménard, née le 9 février 1686, mariée à Gaspard Gouraly, lieutenant de juge à Lançon ;
10° Joseph d'Esménard, auteur d'une seconde branche rapportée plus loin ;
11° Madeleine d'Esménard, née le 16 juillet 1692, mariée à Gaspard Matheron, de la ville de Lambesc.

SEIGNEURS DU MAZET.

IX. JACQUES-FRANÇOIS d'ESMÉNARD, né le 23 février 1675, chancelier du consulat à la Canée, par commission du roi Louis XIV, datée du 12 juin 1697, y reçut, le 3 mai 1700, son célèbre compatriote Joseph Pitton, sieur de Tournefort, escorté du médecin-naturaliste allemand Gundelscheimer, et du peintre Aubriet, attaché au cabinet du Roi (*Voyage du Levant. — Première lettre* au contrôleur-général et secrétaire d'État de la Marine, Phelypeaux de Pontchartrain). Il épousa, en premières noces, par contrat du 1er janvier 1710, Marie-Elisabeth de Matty (2) fille de Jean de Matty, écuyer, avocat au Parlement de Provence, et de Jeanne Audibert, d'une famille anoblie par lettres-patentes du 7 février 1710. De ce mariage, un fils unique, Jean-Pierre d'Esménard, né le 17 juillet 1714, mort en bas âge, ayant coûté la vie à sa mère décédée le 2 août de la même année.

Jacques-François d'Esménard épousa, en secondes noces, Marie-Anne Bonfilhon (3), fille de Claude Bonfilhon aussi avocat au Parlement, co-seigneur du Mazet, et de

---

(1) Barlathier : d'azur, à la croix alaisée d'or, cantonnée de quatre étoiles du même.
(2) Matty : d'azur, à l'arc bandé d'or, encoché d'une flèche du même.
(3) Bonfilhon : d'azur, à la cigogne d'argent, membrée et becquée de gueules.

Maguerite Rostaing. Il fit son dernier testament le 30 août 1745, laissant, entre autres enfants :

  a. Noble Etienne-Claude ESMÉNARD DU MAZET, seigneur du dit lieu, né le 8 février 1728, bienfaiteur de l'hôpital de Lançon, mort le 14 février 1764 ;
  b. Noble Joseph ESMÉNARD DU MAZET, qui suivra.

Noble Paul Bonfilhon, avocat au Parlement, seigneur du Mazet, avait choisi, par son testament du 10 mars 1746, son neveu Etienne-Claude D'ESMÉNARD pour légataire universel. Ce dernier étant décédé sans alliance, le fief du Mazet, substitué aux ESMÉNARD dans l'ordre de primogéniture, fut attribué à son frère Joseph.

X. Noble JOSEPH ESMÉNARD DU MAZET, seigneur du dit lieu, Garde-du-Corps du Roi, compagnie de Noailles d'Ayen, selon certificat délivré à Versailles en 1759, né à Pélissanne, le 30 novembre 1732, y est mort le 17 germinal an IX. Il avait épousé à Marseille, par contrat du 2 août 1763, Thérèse-Reine RENAUD DE BEAUPRÉ, fille de Jean-Louis Renaud de Beaupré, et de Thérèse de Lincel (1); laquelle est décédée au même lieu, le 11 floréal an XII. Des dix enfants issus de ce mariage, Joseph-Mathias DU MAZET, qui suit, et Joseph-Jean-Baptiste, qui suivra, auteur du rameau habitué à Arles, ont seuls laissé postérité. Nous retrouverons plus loin, en rapportant la série des alliances, les deux filles survivantes, Marie-Sophie DU MAZET et Marie-Madeleine-Charlotte DU MAZET.

XI. Noble JOSEPH-MATHIAS ESMÉNARD DU MAZET, né à Pélissanne, le 24 février 1770, connu, dans sa jeunesse, sous le nom à peu près exclusif de DU MAZET, reprit, par suite des événements révolutionnaires, son nom d'ESMÉNARD. Il est mort en 1856, étant veuf, depuis le 25 août 1841, de sa cousine Marie-Marguerite-Césarée D'ESMÉNARD, fille de Pierre-Etienne D'ESMÉNARD, docteur ès-droit, avocat en la Cour du Parlement de Provence, et de Marguerite Vailhen. De son mariage étaient nés deux enfants:

  1° Joseph-Marie-Camille ESMÉNARD DU MAZET, qui suit;
  2° Elma ESMÉNARD DU MAZET, sans alliance.

XII. JOSEPH-MARIE-CAMILLE ESMÉNARD DU MAZET, unique rejeton des aînés du MAZET, né le 24 ventôse an X, élève de l'Ecole Polytechnique, lieutenant-colonel du Génie, officier de la Légion d'Honneur, est aujourd'hui chef du Génie à Alger.

---

(1) Lincel, Laincel et Leincel : de gueules, au fer de lance d'argent en bande, la pointe en haut; l'une des plus anciennes familles du royaume, possédant, dès 1061, le fief de son nom dans la viguerie de Forcalquier. Charles-Paul-Victor, marquis de Lincel, capitaine de vaisseau, chevalier de Saint-Louis, grand-prévôt des Bouches-du-Rhône, cousin-germain de Thérèse de Lincel et dernier de sa Maison, est mort sans alliance.

XI. Noble JOSEPH-JEAN-BAPTISTE-FRÉDÉRIC ESMÉNARD du MAZET, dernier fils de noble Joseph ESMÉNARD, seigneur du Mazet, et de Thérèse-Reine Renaud de Beaupré, naquit à Pélissanne, le 2 février 1789. Il a épousé, par contrat du 28 décembre 1814, noble demoiselle Elisabeth-Sophie-Françoise DE LOYS DE LOINVILLE (1), fille de feu noble Genest de Loys de Loinville, capitaine au régiment de N..., chevalier de Saint-Louis, et de feu Marie-Henriette Roullier.

De ce mariage :

    1° Charles ESMÉNARD DU MAZET, docteur en droit, avocat, bâtonnier de l'Ordre à Tarascon, décédé jeune et sans alliance ;
    2° Maria ESMÉNARD DU MAZET ;
    3° Xavier ESMÉNARD DU MAZET, volontaire aux Chasseurs d'Afrique.

SECONDE BRANCHE.

IX. JOSEPH D'ESMÉNARD (2), cinquième fils de Pierre D'ESMÉNARD, de Pélissanne, et de Jeanne de Gibert, né le 11 octobre 1688, chancelier de consulat à la Canée, par lettres du 30 octobre 1712, consul de France à Candie, par commission royale du 22 juillet 1717, fut marié, par contrat du 29 novembre 1740, après de nombreuses dispenses du Saint-Père, à sa nièce Marie-Thérèse D'ESMÉNARD DE MONDÉSIR (3), fille de messire Etienne D'ESMÉNARD, écuyer, viguier de Pélissanne, son cousin, et d'Anne D'ESMÉNARD, sa sœur germaine. Joseph D'ESMÉNARD est mort le 29 mai 1754, laissant pour unique héritier Pierre-Etienne D'ESMÉNARD, qui suit.

X. PIERRE-ETIENNE D'ESMÉNARD, né le 22 janvier 1743, docteur ès droit, avocat en la Cour du Parlement de Provence, proscrit à l'époque révolutionnaire et toujours recherché, eut le bonheur d'échapper aux Terroristes en se réfugiant à Paris même.

---

(1) D'argent à l'arbre de sinople, au chef d'azur chargé de trois étoiles d'or et soutenu d'une trangle de gueules.
(2) A porté, le premier de sa famille, pendant son séjour à Candie, et comme *consul de la Nation*, les armoiries suivantes : d'azur, au lion tenant un arc en barre, au cœur en pointe, le tout d'argent ; au chef cousu de gueules, chargé d'un croissant du second, accosté de deux étoiles du même.
(3) Esménard de Mondésir : d'azur à l'F d'or surmonté d'une couronne ducale du même, parti de *Colin du Janet*.

Il est mort, le 9 nivôse an XII, sans avoir été rayé de la *Liste des émigrés*, ayant épousé, par contrat du 28 janvier 1767, Marguerite VAILHEN, fille de Noël Vailhen et de Marie de Castillon.

De ce mariage :

1° Joseph-Étienne D'ESMÉNARD, membre de l'Institut (Académie Française), de l'Académie de Marseille, etc., né à Pélissanne, le 6 novembre 1767 (1). Après avoir fait chez les Pères de l'Oratoire, à Marseille, d'excellentes études terminées à un âge où l'on n'est pas encore sorti de l'enfance, Joseph-Étienne partit pour Saint-Domingue où sa famille lui destinait un emploi supérieur dans le Conseil du Cap. Trompant l'espoir des siens, il revit la France, après avoir miraculeusement échappé aux suites d'un terrible naufrage : un navire pêcheur l'avait trouvé en pleine mer, naviguant sur une poutre, à la grâce de Dieu.

A Paris, but constant de ses rêves, ses premiers essais littéraires lui avaient déjà valu l'approbation et les encouragements de Marmontel.

Il ne nous appartient pas de compter et de peser ici des titres divers, que ses contemporains ont appréciés avec un passion qui n'est plus de notre temps ; et l'on peut, s'il en est besoin, renvoyer à des sources trop nombreuses et trop connues, pour qu'il devienne utile de reculer les limites ordinaires et rationnelles d'un résumé généalogique.

Marseille le prit à la faculté d'Aix pour l'envoyer en députation à Paris, lors de la grande Fédération de 1790. Accueilli par Mirabeau, qui avait su comprendre tout le mérite de son jeune compatriote, D'ESMÉNARD le suivit dans ses rapports avec la Cour ; enthousiaste et plein de cœur, il s'était vivement épris des souffrances royales, qu'il fut admis à connaître dans des entretiens avec la Reine et le comte de Provence. Il se souvint toujours, et parla souvent depuis de Marie-Antoinette, qu'il avait connue sous la triple auréole de la majesté, de la grâce et du malheur.

Affilié au club des Feuillants, Joseph-Étienne se fit bientôt compter parmi les quelques publicistes dévoués à la cause de l'infortuné Louis XVI. Le talent vigoureux dont la rédaction du pamphlet périodique *Le Chant du Coq* offre tant de preuves, et la violence trop justifiée de ses attaques contre Brissot dit de Warville, contribuèrent malheureusement aussi à grandir et à populariser l'influence personnelle de ce coryphée des Girondins : on lui fit honneur du mérite incontesté de son rude adversaire.

Proscrit au 10 août 1792, D'ESMÉNARD courut rejoindre à Altona MM. de Lameth, Rivarol, de la Porte et d'Harcourt ; mais comme le repos ne pouvait s'allier longtemps à l'inquiète activité de ses désirs, il parcourut successivement l'Angleterre, la Hollande, l'Allemagne, l'Italie, la Turquie, et se fixa pour quelque temps à Constantinople, où les rares facultés de son esprit lui conquirent l'amitié du comte de Choiseul-Gouffier et celle de Kotschubey,

---

(1) Presque toutes les *Biographies* le font naître en 1769 et le nomment Joseph-Alphonse. La *Nouvelle Biographie générale*, éditée par MM. Didot, n'a pas échappé à la règle commune.

ambassadeur de Russie. Avant de rentrer en France en 1797, il vint à Venise offrir ses services à Monsieur, comte Provence, depuis Louis XVIII. Attaché un instant à l'ambassade de Hollande, d'Esménard fut signalé comme émigré à la Révolution de Fructidor, enfermé à la tour du Temple et banni de nouveau. Le 18 brumaire 1799 le rappela dans sa patrie, et Lucien Bonaparte, ministre de l'intérieur, lui confia le Bureau des Théâtres qu'il dut céder à Campenon, pour suivre à Saint-Domingue le général Leclerc, beau-frère du Premier Consul.

Il ne revit la France, après avoir été témoin de tous les désastres de l'expédition, que pour retourner à la Martinique avec l'amiral de Villaret-Joyeuse.

Rentré en 1805, après avoir rempli les fonctions de secrétaire du Gouvernement Colonial et celles de consul de France à Saint-Thomas, il ne tarda point à obtenir la direction des Beaux-Arts. Censeur des théâtres et Censeur de la Librairie, chef de la troisième division au ministère de la Police générale, sous le duc de Rovigo, Joseph-Etienne d'Esménard fut nommé membre de l'Académie Française, le 9 novembre 1810 : il succédait au lieutenant-général Claude, comte de Thiard de Bissy. Son discours de réception, prononcé le 22 décembre 1810, fit événement ; car jamais homme ne se créa plus d'ennemis par ses succès de tous les genres (1). Un article inséré dans le *Journal de l'Empire*, article où il tournait en ridicule le prince Czernitschef et ses missions ostensibles, lui valut, sur les plaintes de l'ambassade de Russie, un exil de pure convenance diplomatique à Naples. Il partit, disent les mémoires du temps, comblé de faveurs secrètes (2). Rappelé par l'Empereur, il accourait en toute hâte, lorsque sa voiture ayant été emportée par des chevaux fougueux sur la route de Fondi, il se lança si malheureusement au dehors, qu'il se brisa la tête sur les rochers voisins. Son compatriote et compagnon de route, le peintre Granet, plus tard membre de l'Institut, reçut son dernier soupir, le 24 juin 1811.

Il avait épousé, par contrat du 3 ventôse an IX, Jeanne-Adolphine de Kalkgräber, fille de feu Jean-Adolphe de Kalkgräber, capitaine au régiment Dauphin-Dragons, chevalier de Saint-Louis, et de feu Anne Veigner ; décédée aux Batignolles, le 23 avril 1856. D'où :

a. Inez d'Esménard, sans alliance ;
b. Nathalie-Elma d'Esménard, mariée, en premières noces, à Antoine, baron Renaud (3), maréchal-de-camp de cavalerie, commandeur de la Légion d'Honneur, chevalier de Saint-Louis, chevalier de la Couronne de Fer, etc.,

---

(1) Les *Biographies* additionnent ses traitements... qu'il dépensait avec une prodigalité qui devient assez rare, et se font encore aujourd'hui le complaisant écho des plus étranges rumeurs. La *Nouvelle Biographie* rappelle qu'on lui donnait pour collaborateur au *Trajan*, le duc d'Otrante. Sans nuire à Fouché, nous croyons pouvoir affirmer aux simples curieux littéraires que ce collaborateur était autrement illustre !

(2) Il devait recevoir, au retour, une place de conseiller d'Etat, le titre de baron de l'Empire et la décoration de la Légion d'Honneur, qui n'était pas considérée comme l'accessoire obligé de certaines positions.

(3) Renaud : de gueules, au dextrochère armé d'une épée haute en pal d'argent, accostée de deux grenades enflammées d'or, à la bordure componée de sinople et d'argent. — Franc quartier des barons militaires (Armorial officiel de l'Empire).

et en secondes noces, par contrat du 25 février 1843, à Pierre, chevalier DE RICORDY (1), d'une famille patricienne du comté de Nice, chevalier de l'Ordre de Léopold, fils de Joseph, chevalier de Ricordy, et de Marie-Anne Carlone;

c. Madeleine-Ozama D'ESMÉNARD, chanoinesse-comtesse de Bavière, reçue au chapitre noble de Sainte-Anne de Munich, le 17 avril 1838.

2° Pierre-Noël-Amand D'ESMÉNARD, né le 18 mai 1770, servait dans les Gendarmes de la Garde du Roi en garnison à Lunéville, à l'époque des premiers troubles de la Révolution. Licencié avec la Maison Militaire, il passa, comme sous-lieutenant, au régiment de Vexin, cantonné au Puy-en-Velai ; mais obligé de quitter ce nouveau corps avec tous les officiers nobles, il revint au lieu natal avant d'émigrer en Italie, en septembre 1793. Amand D'ESMÉNARD, rentré en France dans le courant de 1803, avait été nommé juge de paix de Salon en 1815. Il est mort dans l'exercice de ses modestes fonctions, sans avoir été marié.

3° Jean-Baptiste-Gaspard D'ESMÉNARD, né à Pélissanne le 5 octobre 1771, était officier au régiment de Vermandois au début de la Révolution. Il émigra en Espagne, après l'insurrection générale de la garnison de Perpignan, et les Français, en prenant possession de Madrid en 1808, le trouvèrent à l'état-major espagnol de cette capitale. Attaché bientôt après à celui du prince Murat, chef d'escadrons et aide-de-camp du maréchal Ney, D'ESMÉNARD reçut mission d'aller défendre à Paris la conduite militaire de son illustre chef dans la campagne de Portugal. Il le fit avec une vivacité qui le conduisit à Vincennes et faillit lui coûter cher. Rendu à la liberté par le retour et les instantes démarches du maréchal, D'ESMÉNARD fut encore détenu à la Force avant la fin du premier Empire, sans que les causes de cet emprisonnement aient jamais été bien connues. Chef d'escadrons des Cuirassiers du Roi, puis lieutenant-colonel d'état-major, chevalier de Saint-Louis, officier de la Légion d'Honneur, agent accrédité des anciennes colonies espagnoles de l'Amérique du Sud pour d'importantes opérations financières, Jean-Baptiste-Gaspard, dit le chevalier D'ESMÉNARD, est mort à la Malgrange, près Nancy, en avril 1842. Sa connaissance profonde de l'histoire et de la littérature espagnoles rendirent sa collaboration nécessaire à la rédaction de plusieurs grands ouvrages : don Manuel Godoï, prince de la Paix, l'avait prié de traduire ses Mémoires.

Il avait épousé, en premières noces, par contrat du 26 décembre 1809, Marie DEL SOCORRO MALDONADO (2), ABRALDÈS DE MONROY SARNESIO, BOIL DE LA

---

(1) Ricordy : tiercé en fasce; au 1, d'azur au cœur d'argent; au 2, de gueules plein ; au 3, d'or au limier d'argent adextré d'une flèche en barre du même (à enquerre).

Jean de Ricordy, grand-oncle du chevalier Pierre de Ricordy, quitta Nice au sortir de l'enfance et grandit au service de la Russie. Pierre de Ricordy, l'un de ses fils, vice-amiral, gouverneur du Kamtschatka, commandant en chef des forces navales russes à la bataille de Navarin, l'un des hommes de mer les plus distingués de ce grand Empire, est mort à la peine, plus qu'octogénaire, des fatigues de son dernier commandement en chef dans la Baltique en 1854. En émigrant, le nom a perdu sa finale, et l'on ne connaît plus en Russie et ailleurs,— la réputation de Pierre de Ricordy ayant franchi les frontières, — que l'amiral russe Ricor.

(2) Don Nunio Perez de Aldana, fils aîné de don Pedro Arias de Aldana, et de dona Elvire Gonçalez Ossorio, XIV seigneur de Aldana, fut le premier qui se nomma *Maldonado.* Il prit les *cinq fleurs de lys* (d'or?) *en champ de gueules,* laissant les armes de sa Maison, qui étaient trois étoiles d'or, un croissant d'argent et une épée en champ de gueules. Favori du roi Ferdinand II et de don Alphonse IX de Léon, marié à dona Aldara, fille de don Fernand

Escala, Mendoze, Grande d'Espagne, fille de LL. EE don François de Paul Maldonado, Boil de la Escala, Rodriguez et Las Varillas, comte de Villa-Gonzalo, marquis de la Escala, et de dame Gertrude-Marie Abraldès de Monroy, Mendozé, Porto-Carrero. Elle était veuve de S. E. don François-Xavier Galiano de Paz, Zepeda de Tordesillas, marquis de San-Felices, comte d'Alcolca, Grand d'Espagne, et mourut à Paris le 11 mai 1818.

Jean-Baptiste-Gaspard d'Esménard épousa, en secondes noces, Marie-Madeleine-Charlotte du Mazet, sa cousine, fille de feu noble Joseph Esménard, seigneur du Mazet, et de Thérèse-Reine Renaud de Beaupré. Ces deux unions ont été stériles.

4° Pierre-Philippe-Marie d'Esménard, né le 13 novembre 1773, sous-lieutenant dans Vexin-Infanterie, vint chercher un refuge dans les rangs de l'administration militaire en Italie, après avoir suivi la destinée commune des officiers nobles du régiment. Il s'est créé plus tard une existence uniformément laborieuse, et est mort en février 1858, étant veuf d'Antoinette Laurent, qui lui avait laissé deux filles : Mesdames Bouteille et de Nans.

5° François-Hippolyte d'Esménard, né le 12 août 1775, venait d'être pourvu, malgré sa grande jeunesse, d'une sous-lieutenance dans le régiment de Vermandois, lorsqu'il fut aussi forcé de quitter Barcelonette où son bataillon était en garnison : il rejoignit son frère Philippe en Italie. Réadmis, comme lieutenant, au 1er Régiment-Etranger, par décret impérial du 10 décembre 1811, il avait épousé, par contrat du 18 floréal an X, Claire-Eugénie de Pellissier, issue des meilleures familles de Provence (1), fille de feu Casimir-François-Barthélemi de Pellissier, chevalier, seigneur de Roquefure, conseiller à la Cour des Comptes, Aides et Finances de Provence, mort sur l'échafaud révolutionnaire, et de Marthe-Thérèse-Marie-Rose de Gantès-Raphaélis, dame de Valbonnette.

François-Hippolyte d'Esménard, alors capitaine à la Légion de Provence, est décédé à Marseille, le 3 août 1817, laissant ses filles sans alliance.

6° Paul-Marcellin d'Esménard, docteur en médecine, né le 5 janvier 1777, a laissé de son mariage avec feu Thérèse-Pauline-Eléonore Jaubert, deux filles : 1° Rosine-Eugénie d'Esménard, aujourd'hui décédée, mariée, le 21 novembre 1825, à François-Marius-Augustin Sibour, de la famille de NN. SS. les archevêque de Paris et évêque de Tripoli ; 2° Marthe-Elisabeth-Herminie d'Esménard, mariée en 1838, à Marie-François-Jules de Jouenne d'Esgrigny d'Herville (2),

---

Perez Turrichau, grand-sénéchal de Galice, et de doña Teresa Perez Vello. D'où cinq enfants : 1° don Pedro Nunez, père de doña Maria; 2° Giral Nunez Maldonado; 3° doña Teresa, mariée à Pedro Garcia Gallego, seigneur de Santa-Marha, d'où viennent les marquis de Velez, Grands d'Espagne; 4° doña Ermesinda, mariée à don Paio Mendez Sored, tige de la puissante Maison de Soto-Maior; 5° doña Elvira, mariée à don Pedro Suarez Sarraça, tige de cette Maison, fils de don Suero Arias et de doña Maria Alfonso, fille du roi don Alonzo IX de Léon, et de Teresa Gil de Soberosa I Sosa. (*Nobiliaire de Galice* par Felipe de la Gandara, Augustin. — 1677. Pages 190, 191).

(1) Pellissier : de gueules, au pélican d'argent avec sa piété dans son aire ; coupé d'azur à trois potences d'or, les deux du chef affrontées. Claire-Eugénie de Pellissier appartenait encore aux Sabran, aux d'Arlatan-Lauris, aux d'Oraison, aux Bernardy (vicomtes de Valerne), par ses aïeules paternelle et maternelle, Marthe de Venerosi Pescioliui, des comtes de Strido, et Rose-Jeanne de Roux de Beauvezet.

(2) Jouenne d'Esgrigny, des seigneurs d'Herville : d'azur, au cœur *alias* monde d'argent accompagné de trois croisettes potencées d'or, 2 en chef et 1 en pointe.

chef de bataillon d'infanterie, chevalier de la Légion d'Honneur, — d'une ancienne famille de Normandie maintenue dans toutes les Recherches.

7° Joseph-Denis-Benjamin D'ESMÉNARD, qui continue la filiation;

8° Marie-Marguerite-Césarée D'ESMÉNARD, née le 1er juillet 1780, mariée, ainsi qu'on l'a rapporté plus haut, à son cousin noble Jean-Joseph-Mathias ESMÉNARD DU MAZET, — décédée le 25 août 1841;

9° Marie-Thérèse-Fortunée D'ESMÉNARD, née le 28 novembre 1782 et morte en bas âge;

10° Marius-Joseph-Alphonse D'ESMÉNARD, né le 30 mars 1784, commissaire-général de la Marine, officier de la Légion d'Honneur, commandeur de Charles III, mort le 26 avril 1844, ayant épousé, par contrat du 28 avril 1823, Marie-Clémentine-Elisa SELLE, dont, entre autres enfants, trois filles, Blanche, Léa et Nathalie D'ESMÉNARD, seules vivantes aujourd'hui.

XI. JOSEPH-DENIS-BENJAMIN D'ESMÉNARD, né le 8 octobre 1778, résidant au château de Montois-la-Montagne; s'est marié, le 23 janvier 1821, et est veuf depuis le 21 décembre 1843, de Louise-Philiberte DE NIEL, fille unique de feu Jacques-André-Nicolas, baron de Niel (1), lieutenant, Garde-du-Corps du Roi, compagnie de Gramont, et de feu Anne-Philiberte de Cappy, de la branche des seigneurs d'Oiry (2).

De ce mariage:

1° Jean-Baptiste-Henri-Alfred D'ESMÉNARD, sous-commissaire de la Marine Impériale, né le 10 décembre 1821, marié à l'Ile-Bourbon, le 12 janvier 1846, à Ezilda BIBRON, fille de Jean-Baptiste Bibron, directeur de *La Marine* de la colonie, commandant des milices de Sainte-Marie, et de Louise Feignoux; d'où: Henri-Raoul, né le 12 août 1847, décédé le 19 janvier 1849; Louise, née à Pondichéri, le 13 octobre 1849; Jean-Baptiste-Gustave-Gabriel D'ESMÉNARD, né à Pondichéri, le 31 juillet 1851.

2° Jean-Olivier-Gustave D'ESMÉNARD, né le 13 janvier 1823, capitaine adjudant-major du 17e Chasseurs à pied, mort à Péra de Constantinople, le 12 août 1855, des suites d'une blessure reçue au combat du 7 juin 1855, devant Sébastopol; sans enfant issu du mariage contracté, le 24 mars 1849, avec Albertine-Sophie-Auguste-Lydie DE SAILLY, fille d'Hubert-Augustin, chevalier de Sailly, ancien officier supérieur d'état-major, chevalier de Saint-Louis, officier de la Légion d'Honneur, chevalier de l'Ordre de Léopold, etc., et de feu Henriette-Julie Dehée-Claris.

(1) Niel: d'azur au chevron d'or accompagné de trois molettes d'argent, deux en chef et une en pointe. SS. le Pape Clément XIII reconnut expressément, par un bref du 20 janvier 1759, l'ancienneté de la noblesse des Niel, *qualifiés nobles et pourvus des premières charges de Bollène dès l'année* 1285. Le chevalier Gabriel de Niel, ancien capitaine au régiment de Quercy, chevalier de Saint-Louis, viguier de Saint-Paul-Trois-Châteaux, reçut en même temps le *titre de baron transmissible à toute sa descendance mâle et femelle* (Voyez d'Hozier. — Registre V, partie II: *Généalogie des Payan*, pages 6, 7, 8, 9).

(2) d'Hozier, dans la notice très-incomplète qu'il a donnée sur la Maison des Cappy, au Registre V de son Armorial, a bien indiqué l'origine des seigneurs d'Oiry, mais il s'est arrêté là. Nous publierons à notre tour un article sur cette ancienne famille venue de Mantoue, et que le hasard des révolutions a fixée en Prusse et en Autriche.

3° Charlotte-Camille-Isabelle d'Esménard, née le 8 février 1825, mariée, par contrat du 2 octobre 1847, à Henri de Sailly, capitaine-commandant de l'Artillerie de la garde impériale, chevalier des ordres de la Légion d'Honneur et de la Valeur Militaire de Sardaigne, frère unique de Madame G. d'Esménard ci-dessus. Madame de Sailly est morte à Metz, le 3 avril 1855, laissant trois jeunes enfants issus de cette union.

4° Antoinette-Philiberte-Adolphine d'Esménard.

Rameaux dont la jonction n'a pas été régulièrement établie.

Noble PIERRE D'ESMÉNARD, écuyer, docteur ès droit au Parlement d'Aix, avait eu de son union avec Anne d'Ollières (de Georges?):

Antoine d'Esménard, reçu docteur au Parlement, le 5 novembre 1658, et mort en 1669.

Autre PIERRE ESMÉNARD, écuyer, *du lieu de Pélissanne*, docteur ès droit au Parlement d'Aix, décédé le 10 octobre 1705, avait épousé, par contrat du 23 janvier 1657, Thérèse Bernard, fille de noble François Bernard, docteur ès droit, avocat à la Cour de Marseille, et d'Angélique de Fréjus (1). De ce mariage était née

Madeleine Esménard, morte le 16 mars 1735.

ALLIANCES.

Alibert, d'Arquier de Charleval (Saint-Pol, Barbegaud et Saint-Estève), Astier, Bas, Bernardi, Bertrand, de Bionneau (barons et marquis d'Eyragues), de Boisson, Bonfilhon du Mazet, Bourgarel, Cassude, de Saint-Chamas, de Colin du Janet

---

(1) A cette famille appartient l'habile Roland de Fréjus, écuyer, qui rendit à la France et aux intérêts spéciaux de Marseille, les plus grands services. Accrédité en Afrique par le roi Louis XIV, il avait reçu du féroce Muley Ismaël, empereur du Maroc, doublement impressionné par le renom du monarque français et par le récit des magnificences de sa cour, la mission singulière de présenter au Roi une demande en mariage à l'adresse de *La Grande Princesse*, Marie-Anne de Bourbon, Légitimée de France; demande qu'Abdallah-Ben-Aycha avait sans doute rédigée pour son maître.

L'ancien ambassadeur et le fabuliste s'attelaient au char de triomphe de la princesse de Conti, car

L'herbe l'aurait portée, une fleur n'aurait pas
Reçu l'empreinte de ses pas!
(La Fontaine. — *Le Songe*.)

(quelquefois Colins et Coulin), Dedons d'Ystres, d'Emeric, d'Estienne (des seigneurs de Mimet), d'Estienne de Villemus et du Bourguet, de Georges d'Ollières, de Gibert, Gilly, Gouraly, de Grignan-Montdragon, de Jouenne d'Esgrigny (seigneurs d'Herville), de Kalkgräber, de la Nalre, de Laurens, de Loys de Loinville, del Socorro Maldonado San-Felices, de Mérindol, de Niel-Cappy, de Paul de Lamanon, de Pellissier, de Ranquisy, Renaud de Beaupré, Ricard, de Ricordy, de la Roque, de Sailly, Sibour, Solle d'Ollières, Vailhen, etc...

PREUVES.

Artefeuil, Pithon-Curt, l'abbé Robert et ses Critiques, Nostradamus ; *Généalogies de Provence et Armorial de France* (manuscrits de la Bibliothèque Impériale); Preuves de Malte,—*Langue de Provence* (Bibliothèque de l'Arsenal); — État civil et Terrier de Lambesc, Archives de Salon, Pélissanne et Marseille ; contrats de mariage, testaments, commissions royales et autres, diplômes, factums, consultations judiciaires. — *Chronique domestique* des Esménard de Lambesc... ; manuscrit franco-provençal qui donne sur le contentieux et l'état de plusieurs familles anciennes du pays, de 1406 à 1696, des renseignements précieux et inattendus. Le premier des quatre rédacteurs de la Chronique a fait précéder son travail d'un avertissement que nous traduisons du Provençal :

« L'an de la Nativité de Notre-Seigneur Jésus-Christ 1546, et le premier jour de novembre, moi Loys Esménard, j'ai commencé le présent *Livre de Raison* contenant les noms de plusieurs instruments de notre Maison ; contenant aussi l'an et le jour de plusieurs autres actes faits en la dite Maison, depuis le temps de mon père Guilhem Esménard et de mon oncle messire Denys Esménard, son frère, et héritiers de feu Pierre Esménard, leur père ; et aussi de moi soussigné, et de mon frère Antoine régissant et gouvernant la dite Maison après la mort de mon dit père..., et qui voudra trouver ira à la table de ce Livre. »

Metz. — Imp. Rousseau-Pallez, rue des Clercs, 14.

www.ingramcontent.com/pod-product-compliance
Lightning Source LLC
Chambersburg PA
CBHW070454080426
42451CB00025B/2733